Maria Amata Di Lorenzo

LA LUCE E IL GRIDO

INTRODUZIONE ALLA POESIA DI ELIO FIORE

INDICE

Premessa..7

Solo nel Ghetto rinasce la parola................................11

Nel sangue e nel grido della Storia...............................26

Leopardi o riflessi di un'immagine antica....................39

Un canto all'invisibile..51

Scrivi all'autrice..61

Altri libri di Maria Amata Di Lorenzo 63

L'autrice 66

Premio Letterario 68

Parole che nutrono l'anima 69

Bibliografia...70

Premessa

Ci sono degli uomini che passano attraverso la vita senza difendersi. Uomini che la loro vita la vivono, semplicemente, ma più spesso la patiscono, e qualche volta se ne rallegrano, senza però mai arrivare a possederla, senza mai appropriarsene veramente. Razza di perdenti, di visionari, per alcuni, che giudicano secondo le categorie del mondo; razza di profeti e di mistici, per altri, capaci di leggere attraverso la follia scandalosa della Croce tutta la saggezza che il mondo non è in grado di scorgere.

A quest'ultima tipologia apparteneva il poeta Elio Fiore, morto nella capitale il 20 agosto 2002, all'età di sessantasette anni.

Con Fiore è scomparso un poeta, un poeta autentico. Nato a Roma il 12 luglio 1935, bibliotecario al Pontificio Istituto Biblico per oltre un ventennio, dopo molti mestieri, l'esperienza della fabbrica e della malattia discesa come una lunga tenebra nella sua vita per molti anni, Elio Fiore non era un "poeta laureato" e nella moderna babele massmediatica la sua voce di *outsider* assomigliava a quella della vedetta di cui parla Isaia: «Mi ha detto il mio Signore – Va' / Sii la Vedetta Notturna / Quello che vedi grida...» (*Is* 21, 6).

E per oltre un trentennio, dal suo libro d'esordio intitolato *Dialoghi per non morire*, Elio Fiore ha gridato nei propri versi ciò che ha veduto, ma lo ha veduto lui soltanto, per renderne partecipi tutti gli altri, i "ciechi" dello spirito.

Artista delicato e appartato, Fiore godeva dell'amicizia e dell'ammirazione di Eugenio Montale, Giuseppe Ungaretti, Mario Luzi, Carlo Bo. Una voce assolutamente unica e originale nel panorama letterario italiano. Un poeta che ha percorso per tutta la vita una lunga strada solitaria, lontano dalle "conventicole" culturali e dalla grancassa dei mezzi di massa.

«Un grande poeta, – disse di lui una volta, con la sua solita arguzia, mons. Claudio Sorgi – ma si sa: i poeti diventano popolari in vita solo se vincono il Nobel o se fanno scandalo...».

Battezzato in San Pietro, Fiore aveva abitato per più di vent'anni nel cuore della Roma israelita, al Portico d'Ottavia; una circostanza, questa, che ha avuto una grande influenza nella sua produzione poetica, alimentando il suo immaginario e rendendolo compartecipe della storia e della tradizione giudaica, tanto che la Comunità Ebraica fece dono a lui – "cattolico apostolico romano", come amava definirsi – dell'elenco dei circa duemila ebrei romani catturati dai nazisti e deportati nelle camere a gas nell'autunno del 1943.

La follia dell'Olocausto, la dura memoria dei morti, la ricerca di Dio non in astratto ma "nel sangue e nel grido della Storia", la fede nella poesia e nei poeti, il bisogno di guardare e di raccontare, perché la scrittura è un dovere, un imperativo morale, così come un dovere è la memoria. Sono i temi portanti della sua produzione letteraria, insieme alla fede nell'invisibile, il primato della persona, la necessità del canto e della profezia, che esprimono il suo stare religiosamente dentro la Storia, con ogni emblema di bene e con ogni metafora del male. «Ecco, la fede e niente altro è la vita», diceva lui, «il resto non conta, è Storia».

Questo libro vuole essere non un'opera esaustiva sull'intero *corpus* della sua produzione letteraria, ma una introduzione ai temi essenziali del suo universo poetico, un avvicinarsi a piccoli passi al mondo di questo autore che merita di uscire dal cono d'ombra a cui storie e antologie letterarie contemporanee sembrano voler relegare tante pur meritevoli voci del nostro Novecento.

Personalmente ho conosciuto il poeta Elio Fiore nell'estate del 1993, quando mi recai da lui per un'intervista che fu poi pubblicata sulla terza pagina di un quotidiano lombardo. Ho voluto perciò porre proprio all'inizio del libro quel nostro lungo colloquio di allora perché non c'è cosa migliore, a mio avviso, del permettere a un poeta di parlare lui stesso, in prima persona, del proprio mondo, della propria vita e delle proprie idee.

Chi legge ne può ricavare, io credo, una impressione più viva, una conoscenza diretta, di prima mano, che certamente predispone a introdurlo nel modo più ottimale alla comprensione della sua poesia, a varcare quei penetrali spesso segreti della creazione letteraria, a dare del tu a un autore che oggi non è più tra noi ma che la magia delle parole rende - adesso e per sempre - presente e vivo.

Solo nel Ghetto rinasce la parola

«Qui, nel segreto della mia dimora, scava la voce / della memoria, nel fragore del Tevere cresce la pietà, / viva dal 16 ottobre 1943. Quando il mio piede innocente / fu bagnato dal sangue dei giusti di Israele. / Quando gli empi urlavano, sfondavano le porte coi fucili...». A voler definire in pochi termini la poesia e la parabola esistenziale di Elio Fiore possono bastare questi versi, emblematici nel loro offrire le coordinate spirituali della storia di un poeta, di un uomo: la follia dell'Olocausto, il dovere della memoria, la tensione inesausta verso l'Eterno la cui voce ventosa soffia nei secoli attraverso i poeti.

Sono versi semplici e terribili, come semplice e terribile è tutta la poesia di Elio Fiore, versi che, scrive Luzi nella prefazione di *In purissimo azzurro* (Garzanti, 1986), «affondano nella carne viva del nostro secolo».

Nato nel 1935 a Roma, e battezzato in San Pietro, Elio Fiore vive dal 1966 nel Ghetto dove aveva assistito, bambino di appena otto anni, alla deportazione di 2091 ebrei compiuta dai nazisti il 16 ottobre 1943.

Amico negli anni giovanili di Ungaretti, Montale, Sbarbaro, Sibilla Aleramo, esordisce in poesia nel 1964 con i *Dialoghi per non morire*, a cui fanno seguito le plaquettes *Maggio a Viboldone* (1985), *Nell'ampio e nell'altezza* (1987), *Notturni* (1987), *All'accendersi della prima stella* (1988), *Dialoghi per non morire* (ristampa, 1989), *Improvvisi* (1990), *Miryam di Nazareth* (1992), aggiungendovi il volume garzantiano *In purissimo azzurro* (1986).

Non è un "poeta laureato" Elio Fiore e probabilmente nella moderna babele della poesia la sua voce, limpida e assolutamente originale, ingenera più di un imbarazzo classificatorio: sotto il segno di quale corrente, di quale tendenza collocare la sua poesia?

Sono andata a trovarlo un caldo pomeriggio estivo, nella sua casa del Ghetto: un guscio di vive memorie, di presenze sacrali, i volti naturalmente familiari che occhieggiano dai muri, e sono gli occhi felini di Ungaretti, il fiero profilo di Sibilla Aleramo, la verace vitalità di Anna Magnani, splendida popolana di *Roma città aperta*, a cui Fiore ha dedicato versi di intrigante e compiuta bellezza.

Lari domestici in quotidiano e ininterrotto colloquio con Elio: un uomo mite e gentile, dalle abitudini appartate e schive, ma dotato di grazia e di comunicativa vivace. Un poeta che ha scelto la strada meno frequentata e la percorre intrepidamente, con cuore leggero e sapienza aurorale, per giungere ai «cieli nascosti e visibili».

Si dice che il tempo della poesia è uno solo: il passato. Ciò che si è compiuto e non c'è più, ma può tornare ogni volta a rivivere nei versi e nella memoria dei poeti. Elio Fiore, il suo cammino di poeta e di uomo comincia da una tragica data, il 16 ottobre 1943, quando i tedeschi fecero irruzione nel Ghetto di Roma per deportare 2091 ebrei. Perché dopo tanti anni trascorsi in altre città è tornato nel Ghetto per viverci? Si è trattato di una casualità o di una scelta?

«Sono tornato nel Ghetto per caso, dopo aver abitato in diverse città italiane per motivi di lavoro. Cercavo una casa a Roma e l'ho trovata qui, al Portico d'Ottavia. Col passare del tempo, però, ho cominciato a riflettere su questa casualità e ho compreso che doveva esserci un segno del destino nel fatto che ritornassi qui, dove avevo assistito all'immensa tragedia del popolo ebraico».

Lei afferma, cito due versi di In Purissimo Azzurro, *che «solo nel ghetto / rinasce la parola e la gioia di altre opere». Che cosa significa?*

«Lo pensavo qualche anno fa, quando scrissi questi versi, ma oggi è un po' diverso, perché sto per lasciare questa casa nel Ghetto, dopo averci vissuto per quasi trent'anni. Ma devo farlo, ci sono costretto perché mi hanno sfrattato. Lei mi chiede cosa significano questi due versi: ma lo sente questo silenzio? È un silenzio plenario, che qui avvolge ogni cosa, ed è la condizione ideale per meditare e per scrivere. Questo Ghetto fu creato nel 1555 per volontà del Pontefice Paolo IV: col tempo è diventato un luogo deputato a molte mie riflessioni esistenziali, alla mia poesia».

Qualche anno fa il nostro Pontefice, Giovanni Paolo II, si è incontrato presso la Sinagoga col rabbino capo Toaff e questo incontro, di portata storica, impensabile forse tanti anni prima, ha gettato il seme di una ideale convivenza fra ebrei e cattolici. Il Papa ha chiamato gli ebrei "fratelli", ponendo le basi di una integrazione che si preannuncia però tutt'altro che facile, basti pensare allo squallido fenomeno dei naziskin. In lei invece questo dualismo appare facilmente risolto in un sincretismo di tipo evangelico, ma secondo lei c'è più scissione o più integrazione fra cattolicesimo ed ebraismo? In altre parole, come riesce a conciliare l'anima cattolica, che le appartiene per nascita e per educazione, con l'anima ebraica di cui questo luogo è così intriso e che è così presente nella sua poesia?

«Io non credo che ci sia una vera e propria divaricazione fra cattolicesimo ed ebraismo e che la convivenza tra cristiani ed ebrei sia non solo auspicabile ma anche fattibile concretamente. Gli ebrei hanno sopportato il fardello di duemila anni di intolleranza e di persecuzioni. E in un certo senso è naturale che possano mostrare diffidenza verso una pacifica integrazione. L'esperienza insegna. Per ciò che mi riguarda, posso affermare che la mia fede religiosa è compartecipe sia della natura cattolica che di quella giudaica, si potrebbe anzi definire come una sorta di cristianesimo puro, cioè primigenio, evangelico. Ho scritto un poemetto, *Miryam di Nazareth*, in cui i nomi della nostra tradizione cristiana sono stati tutti traslitterati dall'ebraico antico: a segnalare in un certo senso la contiguità».

Torniamo alla sua infanzia. L'esperienza della guerra, dei bombardamenti, la deportazione ebraica, sono tutti eventi terribili che si incidono a lettere di fuoco nella sua memoria, scavando un netto spartiacque nella sua vita, un solco fra un "prima", innocente e spensierato, e un "dopo", drammatico e non più inconsapevole di ciò che si stava consumando davanti ai suoi occhi di bambino. Ma prima di quelle tragedie, come era stata la sua infanzia?

«Ero un bambino molto vivace, dotato di una fervida fantasia. Mi piaceva giocare, ero curioso di tutto, ma non sapevo ancora nulla di tedeschi e di ebrei. Il giorno del rastrellamento io mi trovavo in piazza in Piscinula, perché qualche mese prima, precisamente il 19 luglio 1943, era successa un'altra cosa tremenda: la nostra casa fu bombardata ed io rimasi sepolto sotto le macerie per dieci ore insieme a mia madre. Fummo salvati per miracolo. Ci portarono all'ospedale, io ne ebbi uno choc: ancora oggi risento il grido di mia madre, è una cosa che non potrò mai dimenticare... E poi ci fu anche il trauma della deportazione ebraica a cui assistetti: io non sapevo, non capivo, ma quel giorno cambiò ogni cosa. Ero un bambino e diventai improvvisamente un ometto. Forse anche il mio essere poeta è nato da lì, da quelle cose, in quei giorni tremendi».

Aveva già deciso che avrebbe fatto il poeta? Cosa pensava di fare da grande?

«No, non pensavo di fare il poeta. Ero soltanto un bambino di otto anni, non pensavo a niente. Non immaginavo il mio futuro come fanno i ragazzini di oggi, che sognano di fare gli esploratori o gli astronauti. Mio padre era un semplice tipografo e voleva avviarmi agli studi tecnici per un futuro sicuro. E invece io detestavo le materie scientifiche e scappavo all'università per ascoltare le lezioni di letteratura».

Come è arrivato allora alla poesia?

«Verso i dodici-tredici anni, quando lessi *Il dolore* di Ungaretti. E poi scrissi la mia prima poesia: ricordo che era il 1950, avevo quindici anni».

Che cosa ha significato per il giovane Elio Fiore l'incontro con personaggi della statura di Montale, Ungaretti, Sbarbaro, essere loro amico? Pensa che l'abbiano influenzato più sul piano umano o su quello poetico?

«È stato molto bello incontrarli, bello e importante. Il primo in assoluto che contattai fu Hermann Hesse, a cui scrissi: ricordo che egli, con mia grande meraviglia, mi rispose. Ero molto giovane e mi incuriosiva conoscere i poeti viventi. Cercavo il contatto con loro non per misurarmi con la loro poesia, ma per arricchirmi dal punto di vista umano, spirituale, e in questo senso incontrarli è stato per me molto importante. Inevitabilmente poi ho assorbito la loro cultura, la loro poesia, ma non assomigliavo a nessuno di loro. E non lo dico certo per vanità, ma proprio perché non ero uguale a nessuno, non imitavo nessuno: semplicemente, avevo delle cose da dire e le scrivevo ubbidendo soltanto a ciò che sentivo dentro di me».

Che cos'è la memoria per il poeta? È più una zavorra o più un dovere?

«È un dovere, non c'è dubbio, non è mai una zavorra. La memoria è molto importante. Nel romanzo che sto scrivendo, *In ordine di apparizione*, c'è tutta la mia vita, dalla mia infanzia fino ad oggi. L'unica concessione alla fantasia è stato cambiare nome al protagonista, che si chiamerà Giovanni, ma sono io, solo che in questo modo ho confuso un po' le acque».

Per un poeta che scrive sempre in versi, è più faticosa o più facile la scelta della prosa?

«Non è né l'una né l'altra cosa, perché un poeta rimane un poeta anche quando scrive in prosa. Non è l'andare più o meno a capo che fa la differenza, che stabilisce la cifra poetica di una scrittura».

«Fiore è nome di poesia – scrive Ungaretti nella presentazione ai Dialoghi – e gli appartiene dalla nascita come predestinandolo alla poesia». Lei pensa che la poesia possa essere predestinazione?

«Più che predestinazione, io direi che la poesia è una conquista. Una meta che si raggiunge un giorno dopo l'altro».

Si dice che cantare significa pregare due volte. E la poesia, intesa come muto canto dei versi, può essere preghiera secondo lei?

«Lo è senza ombra di dubbio. Per me la Bibbia è il libro più importante. E il più grande poeta di tutti i secoli, lo sa chi è? È Gesù Cristo, o Yeoshua, se lo vogliamo chiamare col suo nome aramaico».

«La poesia - lei scrive - dopo Ungaretti, Montale e Luzi, va avanti». Come vede l'attuale situazione della poesia italiana? C'è spazio per i poeti oggi?

«Ma la poesia non morirà mai, la specie dei poeti non può finire: di loro c'è bisogno come c'è bisogno del medico, dell'operaio, del giornalista. La poesia è profezia ed è preghiera, non è un gioco dell'intelletto, ma è sentimento. Oggigiorno ci sono molti giocatori, sono abilissimi e pubblicano i libri, ma la vera poesia è un'altra cosa. «*Salire costa*», ricorda Ungaretti? E tuttavia, ne sono sicuro, la poesia va avanti, e i poeti, quelli veri, alla fine rimarranno. Le loro voci sapranno emergere dal caos che oggi pare sovrastare e confondere ogni cosa».

Cito un suo verso: «La poesia è una chiamata / per captare la voce della giustizia». Ma la poesia può salvare la Terra? C'è bisogno dei poeti?

«È poeta colui che vede la vita con occhio diverso dagli altri ed è possessore di una verità che deve trasmettere ai suoi fratelli uomini. In ciò consiste la missione del poeta, e il senso della mia poetica: sono dell'idea, infatti, che l'esperienza personale vada comunicata agli altri, che non ci si deve rinchiudere nel guscio della propria esistenza. L'esperienza invece va sempre partecipata agli altri».

Come nasce la poesia di Elio Fiore? Quali sono i meccanismi che presiedono l'atto creativo?

«La poesia può nascere a volte da un'occasione, altre volte da una riflessione o un ricordo. Una breve frase, un'idea che mi frulla nella testa e che lascio maturare dentro di me. La stesura vera e propria si può realizzare anche in maniera piuttosto veloce, nel giro di pochi minuti, ma non è mai improvvisa, perché nasce in realtà da un lungo e segreto lavorio interiore».

«Ecco, la fede e niente altro è la vita», lei scrive in una poesia di In purissimo azzurro, *e continua: «il resto non conta, è Storia». Ho notato che quest'ultima parola, sempre con la lettera*

maiuscola iniziale, è presente infinite volte nelle sue poesie, in ogni caso sempre con aggettivazioni di valenza negativa: la Storia è "orrenda", "implacabile", "disumana", "infinita", "assurda", "filmata", e la sua reiterazione costante denota, in filigrana, un'attenzione partecipe e appassionata da parte sua al tempo in cui vive, un'adesione sincera e profonda, mai superficiale, alle piccole e terribili apocalissi giornaliere. Lei non è il poeta che si rinchiude nella torre d'avorio a distillare i suoi eterei versi, ma prende su di sé tutto il peso e la violenza della Storia, nella quale, proprio come nella notte dei secoli, l'uomo è ancora lupo per l'uomo: la Polonia di padre Popieluszko, i massacri di Sabra e Chatila, Piazza Tienanmen, il Sudafrica insanguinato dalle violenze razziali: «un turbine di orrori mondiali» lei scrive, ossia una storia antica e sempre nuova che si ripete insensibilmente ogni giorno, con le sue atrocità e le sue barbarie. Ma perché la Storia non insegna nulla agli uomini?

«La storia insegna, insegna agli uomini, ma purtroppo nella storia, come lei sa, ci sono corsi e ricorsi. La storia partorisce dei mostri, ma alla fine ci aspetta la salvezza».

Come vede l'attuale situazione del nostro Paese? C'è strage, c'è violenza, c'è intolleranza: verso l'ebreo, il negro, lo straniero, il diverso. Ogni giorno è uno sterile contributo di morti e di sangue innocente versato nel nome di un possesso che semina distruzione fra i popoli. Ma allora non vi è alcuna possibilità di redenzione per l'Uomo?

Nessuna possibilità di riscatto per il genere umano?

«Oggi noi assistiamo a questa lotta del più forte contro il più debole, ma questo conflitto, a pensarci bene, è eterno. Il mondo si è evoluto così, guardi per esempio gli uomini delle caverne. La storia partorisce dei mostri, ma nella storia, a dispetto di tutto, si pone il provvidenziale cammino dell'Uomo verso la luce, un'ascesa lentissima, ma sicura e inarrestabile, verso le sorgenti della verità e della giustizia. Può sembrare utopia, ma io ci credo e già comincia a intravedersi da lontano. È probabile, anzi è sicuramente possibile, che noi non arriveremo mai a conoscerlo questo mondo nuovo, fatto di fraternità e di amore, forse accadrà fra mille, duemila anni, e noi lo vedremo dal Cielo, ma ci sarà: arriverà il tempo in cui tutti saranno allo stesso modo creature di Dio. E in questo consiste la missione del poeta, il suo messaggio: testimoniare il suo tempo, il tempo della bellezza, il tempo della poesia».

Le sue poesie sono popolate di presenze, di voci, di volti familiari; fra i tanti, campeggia il ricordo del bambino Amedeo, che viveva nella casa dove lei è adesso, e poi c'è la piccola Giulia dagli «occhi ungarettiani» a cui lei ha dedicato versi traboccanti di tenerezza e di affetto. Ma quale domani, le chiedo, si sta apparecchiando per i bambini? Che suono avrà – minaccioso o rassicurante – il loro futuro?

«Quando scoppiò la guerra del Golfo, io scrissi una lettera a tutti i bambini del mondo, pubblicata il 13 febbraio 1991 sulla terza pagina dell'*Osservatore Romano*, dove scrivevo: «Ribellatevi ai mostri della guerra», e ancora: «Bambini, la vostra arma sia il vostro sorriso». Io amo molto i bambini, e mi rendo conto di quanto sia diversa la loro vita dalla nostra, intendo da quella della mia generazione. Allora c'era la guerra, c'era miseria, e noi bambini giocavamo con poche cose, povere cose ingigantite dalla nostra fantasia. Poi è sopraggiunta l'agiatezza del dopoguerra, del boom economico, il lavoro che assorbe tutto il giorno di entrambi i genitori, un vivere sempre di corsa: tutto questo ha fatto sì che i bambini di oggi abbiano tante cose, tanti giochi con cui divertirsi, tante sollecitazioni dai mass-media, ma in fondo manca loro la cosa più importante: l'amore. I bambini sono assetati d'affetto, i bambini amano la poesia: il mio rapporto con loro è molto bello, è spontaneo, forse perché sono rimasto un bambino, dentro non sono cresciuto: e quindi sono uguale a loro».

Leggendo i suoi versi mi ha colpito una duplice e contraddittoria tensione che li attraversa: il bisogno di solitudine e, al tempo stesso, di comunicazione. Da un lato, lei scrive: «Sono solo, ma sono l'uomo più ricco dell'universo», e altrove si domanda con leopardiana inquietudine: «A cosa tende questo mio tempo solitario?». E tuttavia rimane l'impronta di una solitudine voluta, cercata, accettata con serena fermezza, come una piccola morte quotidiana da

*affrontare ogni giorno; dall'altro lato, invece, vive in
lei un forte desiderio di comunicazione, di entrare in
comunione con gli altri, la ricerca di un dialogo
vero, scevro da infingimenti. La sua prima raccolta
poetica si intitola del resto* Dialoghi per non morire,
*laddove già nel titolo si evidenzia una sorta di
intenzione programmatica. Come si conciliano, se si
conciliano, in lei queste due opposte tensioni vitali?*

«Riescono a conciliarsi alternandosi di volta in
volta. Io sono sempre stato presente al tempo in
cui vivo, sono aperto al dialogo: è una esigenza che
sento molto. Abito da solo, non ho una famiglia
mia, non ho avuto figli, ma ho tanti amici, sparsi un
po' dappertutto; e poi ho il telefono, questa grande
invenzione, che mi mette in relazione con gli altri,
se lo voglio: con lei, per esempio, non è forse stato
così? Io volevo conoscerla. E l'ho cercata. Ma resta
il fatto che qui, quando voglio, posso starmene da
solo a meditare, a scrivere, quando ho bisogno di
solitudine e di silenzio».

*Nel Talmud è scritto: «Chi teme Dio, non può
temere altro. Dovrebbe essere intrepido al mondo».
E lei, Elio Fiore, di che cosa ha più paura?*

«Ho paura della menzogna, della calunnia: ho
paura delle piccole cose ordite dagli uomini
meschini. E poi mi terrorizza la burocrazia, la
storia delle bollette e dei certificati mi sconvolge,
mi smarrisce. Piccole cose, come vede, non grandi
cose mi fanno paura: io non temo affatto la morte,

non la temo assolutamente, perché so che è soltanto un passaggio».

L'ultima domanda prima di congedarci: se si dovesse voltare indietro e riconsiderare tutta la sua esistenza, c'è qualcosa che cambierebbe o la rivivrebbe uguale?

«La rivivrei tale e quale, ma se proprio mi fosse concesso di modificare qualcosa, eliminerei il lungo silenzio poetico, durato dal 1964 al 1986: un silenzio editoriale, piuttosto che creativo, perché ho sempre scritto poesie e molte di esse sono confluite poi nelle successive raccolte, soprattutto nel volume garzantiano del 1986, *In purissimo azzurro*. Ma avevo deciso così in quegli anni, più di venti: semplicemente, volevo pensare a vivere, volevo meditare, volevo starmene in disparte, lontano dalla società letteraria. Forse è stato un errore: mi avrebbero conosciuto prima, avrebbero apprezzato le mie poesie, e forse sarebbe stato meglio».

Eppure, è risaputo che la vita, ogni vita, ha dei tempi per così dire drammaturgici a cui obbedisce: sempre. Il grano non germoglia se non muore. Ed ogni cosa deve conoscere il suo tempo per poter maturare con cura, altrimenti rischia di essere sciupata per sempre.

In questo angolo di silenzio incastonato nel cuore più antico di Roma, nel «lager / da Paolo IV meditato», la poesia reca con sé la voce dell'Eterno: un messaggio salvifico dentro la bottiglia che naviga ostinatamente, contro corrente, i mari procellosi del vivere verso le sponde ineffabili dell'Assoluto.

(L'intervista, dal titolo *Nella poesia soffia la Voce*, è stata pubblicata in «L'Eco di Bergamo» il 25 agosto 1993)

Nel sangue e nel grido della Storia

«Elio Fiore, ovvero una vita per la poesia.

Che cosa sia una chiamata ineludibile alla condizione poetica, Elio Fiore lo sa come pochi. Non è davvero probabile, oggi, incontrare un altro che nutra così aurorale, così genuina fede nel carisma della poesia. Un altro che al pari di lui sappia e voglia vivere da poeta in francescana povertà».

Lo scrive Emerico Giachery nella prefazione alla *plaquette* poetica *Nell'ampio e nell'altezza*, pubblicata da Fiore nel 1987. «Dopo la prima manifestazione, timida e indiretta, nel tempo dell'adolescenza – afferma - , la poesia gli è stata sempre necessaria, sempre vicina, e non importa se attraverso lunghi silenzi della penna. Fiore ha frequentato e frequenta, con devota umiltà, poeti tra i maggiori del nostro tempo, e con essi ha parlato e parla di poesia, e di altri poeti. Ha visitato e visita con trepidazione quasi religiosa luoghi della poesia, abitazioni e sepolcri di poeti, assorbendone l'aura sacrale...».

Una chiamata ineludibile alla poesia. La vita di Elio Fiore potrebbe riassumersi così. In quella chiamata c'era tutta la necessità e il destino di un uomo che ha attraversato la scena del mondo e delle patrie lettere nel segno di una lieta e appassionata speranza.

La poesia era la luce e il pane della sua esistenza. Era uno sguardo (non omologato) levato ogni giorno verso il cielo, quel cielo che noi - tutti noi - abbiamo perso di vista, annegato nei simulacri della modernità. Uno spazio amoroso, trasparente come una fiamma, capace di custodire, dentro il turbine della storia, il semplice segreto della vita, nella lampeggiante incandescenza di un verso. Era preghiera, e sorella della fede.

«C'è un modo di essere dentro la storia – ha scritto il critico letterario Baldo Meo - che è tanto più confusamente coinvolto quanto più tragico e la poesia che ne nasce è densa e passionale, poco attenta alla ricerca formale ma desolatamente e umanamente preghiera. Un esempio di questo stare religiosamente dentro la storia è quello di Elio Fiore, figura di poeta *outsider* che abbiamo imparato a conoscere solo da pochi anni, sebbene il suo primo libro risalga al 1964: *Dialoghi per non morire*, libro che copriva quasi dieci anni di lavoro».

Così scriveva appunto Baldo Meo sulla rivista «Hortus» (n. 9, 1991) in occasione della ristampa dei *Dialoghi* nel 1989, a cura di Scheiwiller, condensando in un giro di frase quella che a nostro avviso è l'essenza e la portata della poesia di Elio Fiore, ossia quello «stare religiosamente dentro la storia» che è forse il tratto più marcato, nonché originale, dei suoi versi. Ma non il solo: nel suo dettato poetico si rincorrono, come temi-guida apparentemente affastellati l'uno accanto all'altro, i motivi ispiratori della memoria come dovere, della profezia, insieme alla fede nei poeti e la necessità del canto, il primato della persona e la ricerca di Dio non in astratto ma «nel sangue e nel grido della Storia».

Elio Fiore nel 1966, dopo aver soggiornato in varie città per ragioni di lavoro, torna a vivere nel Ghetto di Roma in cui, bambino di appena otto anni, aveva assistito alla deportazione di 2091 ebrei compiuta dai nazisti il famigerato 16 ottobre 1943. Un evento che non potrà, né vorrà, mai dimenticare.

La follia dell'Olocausto, l'orrore della guerra, il dovere della memoria sono presenti in tutta la sua produzione poetica, a cominciare dal libro d'esordio, *Dialoghi per non morire* (Edizioni Apollinaire, Milano, 1964), presentato alla Galleria "La Nuova Pesa" di Roma da Giuseppe Ungaretti, Carlo Levi, Ornella Sobrero e Carlo Bernari.

«Se poesia è bruciare di passione per la poesia, se è vocazione ansiosa, tormentosa a svelare nelle parole l'inesprimibile, nessuno è più poeta di Fiore», disse in quell'occasione il suo mentore Giuseppe Ungaretti.

Il primo libro di versi di Fiore è composto da 31 dialoghi, distribuiti in tre "movimenti" che rieccheggiano il linguaggio musicale (*Allegro assai ma non troppo, Allegro assai, Allegro ma non tanto*), chiusi da un Cantico e preceduti dal poemetto *Madre, oggi ricorre una memoria dura*, anticipazione dei contenuti del "Primo Movimento" in cui risalta il Dialogo X (*Battevano i soldati alle porte coi fucili*) dove il poeta rivede, con violenta ansia rievocativa, la "scena primaria" della sua fanciullezza, il ratto sacrilego dei 2091 ebrei innocenti (dagli «occhi messianici») compiuto dai nazisti la mattina di quel 16 ottobre del '43, quando penetrarono nel ghetto di Roma e rastrellarono tutte le case. Il poeta aveva otto anni e quella visione s'incise per sempre nella sua memoria; e quella visione ritorna – ormai adulto – in forma di canto: «in me, nella difficile crescita un'epica voce / siete: la poesia ardua che mi cresce e lotta».

A questo "Primo Movimento", che comprende 12 dialoghi, fa seguito con 11 dialoghi il "Secondo", quasi completamente dominato dai temi della fabbrica, del lavoro alienato, della triste condizione degli operai («la morte segnata dalla timbratura») da lui condivisa in un certo periodo della sua vita, in gioventù; temi come il crescente automatismo, lo sfruttamento padronale, la tecnocrazia *in progress* degli anni Sessanta, destinata nel corso del tempo a rivelare il suo volto fallace nonché distruttivo, trovano il loro punto di forza nel poemetto *Fabbricaverno* (Dialogo XVIII) laddove *indignatio* e *pietas* s'intrecciano con insolita e vibrante energia poetica: «la mia poesia – scrive Fiore – è nell'unità operaia, / non ha altro dolore / non ha altri versi».

Come non ricordare a questo punto la figura luminosa di Simone Weil? Tanto più che la pensatrice ebrea – chi conosce bene la *Weltanschauung* del poeta romano lo sa – è uno dei maggiori "numi tutelari" dei suoi versi, nell'ordine della profezia e dell'ansia di un Assoluto in cui ravvisare il volto di Dio.

Otto dialoghi compongono il terzo e ultimo "Movimento" dei *Dialoghi per non morire* e danno l'esatta misura della poetica del Nostro, quel suo «essere piena di un senso primitivamente tragico, di una volontà, passionale ed agonica, di confrontarsi con l'informe oscurità dell'esistenza», come scrive ancora Baldo Meo, e la forte «propensione all'accumulo denso della materia linguistica», sul quale vale la pena soffermarsi in questa sede.

È evidente fin dal titolo, dal sapore quasi programmatico, la natura dialogica della poesia di Elio Fiore, la sua predilezione del parlato, ossia di una lingua quotidiana, sliricata, priva di *labor limae*, in cui è soprattutto l'immagine a costituire il centro, l'esatto fulcro narrativo. Giustamente sostiene ancora Baldo Meo che «il dolore che attraversa i versi innerva questa lingua ancora non risolta e questa visione ancora schiettamente terrena: l'autobiografismo e le cadenze intimiste, le accensioni epiche, i *refrain* da ballata popolare, certe immagini da *ex-voto* formano ancora il sostrato grezzo, il materiale da lavorare e distillare».

Ma sulla necessità, per la prima produzione poetica di Fiore, di essere limata e distillata, si era già espresso Camillo Sbarbaro, giudicando con una punta di severità l'esuberanza espressiva delle prime prove del poeta romano. A tal proposito, si può leggere l'*incipit* della Lettera VI in cui Sbarbaro, rispondendo a Fiore, scrive: «caro, delle poesie che mi hai mandato quella che mi piace di più, forse anche perché la capisco meglio, è *Madre, oggi ricorre una memoria dura*. Lampi scorgo qua e là nelle altre (che tu certo preferisci), ma che mi paiono ancora...in ebollizione, una materia di canto tumultuosa che (ai miei occhi) ha ancora bisogno di decantarsi» (la lettera è datata 30 Marzo 1962 ed è compresa nel volume di C. Sbarbaro, *Il paradiso dei licheni. Lettere a Elio Fiore (1960-1962),* a cura di Alessandro Zaccuri, Scheiwiller, Milano, 1991, p. 27).

Una materia in ebollizione, dice Sbarbaro, e che ha ancora bisogno di raffinarsi e di decantarsi. Ma è fuor di dubbio che lo stato ancora magmatico e fermentante, non risolto in equilibrio poetico, della prima raccolta di versi di Fiore rappresenta a buon diritto l'incunabolo, la matrice incandescente da cui egli avrebbe distillato i versi più maturi della seconda raccolta poetica, *In purissimo azzurro* (Garzanti, 1986) che vedono la luce dopo un silenzio editoriale incredibilmente lungo: ventidue anni.

Fiore non abbandona la poesia, perché molte liriche della seconda raccolta recano come data di composizione proprio gli anni di questo lungo silenzio; semplicemente, smette di pubblicare versi. Sono tuttavia anni molto fecondi, decisivi per la sua maturazione intellettuale. Fiore ritorna sulla scena letteraria con un libro stilisticamente compiuto, denso di temi, di immagini, di memorie, di annunciazioni. Non a caso, *In purissimo azzurro* reca come epigrafe un versetto di Isaia: «Mi ha detto il mio Signore – Va' / Sii la Vedetta Notturna

/ Quello che vedi grida» (*Is* 21, 6). Versi che spiegano la natura profetica della nuova poesia di Elio Fiore: il grido della *vedetta notturna* che guarda ogni cosa e ripete agli altri quello che ha visto, ma lo ha visto lui solo, e gli altri ne ignorano o ne rifiutano l'esistenza.

«Da questa sua natura di "anghelos" debitamente provvisto di dolcezza e di terribilità – annota nella prefazione Mario Luzi – ci provengono oggi le poesie raccolte *In purissimo azzurro*. Dico poesie: ma lo sono? Basta questa parola a dire quel che sono? Sono annunci, lamentazioni, terribili accuse, luminose ascese e discese della "profezia" che traversano il nostro tempo così impetuosamente e così implacabilmente che io non conosco altro libro di poesia dove la tragedia dell'epoca sia altrettanto presente nei suoi grandi traumi apocalittici e nelle sue quotidiane circostanze, sotto la trafittura della luce e del grido. Dal profondo non del deserto ma del gonfio cuore della Roma israelita straziata dai nazi l'evangelico poeta assume su di sé i mali e le ingiustizie conosciute da presso. Proprio questo dà a quei mali e a quelle sventure una forza di protesta nuova, lieve e incontrastabile unita com'è a quella di una fede che pare abbia perso la sua ineffabilità e trovato il soffio, il movimento, il sorriso della presenza viva».

Altrove ancora Luzi parla di Elio Fiore come di un poeta-testimone e afferma che il termine *testimonianza* è «nello spirito e nella forma la parola più conveniente per rendere l'idea di lui e dei suoi versi. Testimonianza nel senso biblico, intendo. Lampeggia nella sequenza delle sue pagine la storia dei nostri anni, i suoi eventi più patetici: il mondo è però presente anche nelle occorrenze personali più quotidiane e semplici. Il singolare di Fiore è proprio questo: nulla è occasionale, tutto è segno e significato. La sua risposta di scrittore è la stessa, emozionale, di uomo presente e desto alla sollecitazione dei frangenti offeso dai tempi, ma avvertito della sovrastante legge, della soprannaturale giustizia» (*Elio Fiore, i versi delle emozioni*, in "Corriere della Sera", 21 ottobre 1999).

«Come la perla nasce da un evento di sofferenza, così la poesia di Fiore ha le sue radici nell'avventura del dolore - riflette Luisito Bianchi (cfr. prefazione di *Maggio a Viboldone*, 1985) - che lo segna fin da giovinetto con gli orrori della guerra e lo porta, attraverso altri orrori di uomini, a sfociare in quel *In purissimo azzurro* che costituisce il sigillo della sua seconda raccolta. È un itinerario attraverso la vita che ha nome poesia».

Presenze e assenze, voci, nomi, volti e luoghi affollano i suoi versi, a cominciare da Anna Magnani, splendida popolana di *Roma città aperta* che il bambino Fiore guardò ammirato, nel gennaio 1945, al piazzale Prenestino, in Roma, mentre si girava la famosa scena del mitragliamento: «Pronti? Si gira. Motore. Ciac! Azione! / Splendido era il sole / sulle comparse impietrite / dal tuo grido di madre feroce, / e le braccia, le tue braccia, / vento d'ali spezzate, / nell'eterna corsa / mai ripetuta, imploravano / la mitragliatrice di non colpire / la creazione del figlio concepito / in quell'istante di rinascita vera, / nella finzione d'amore di un risveglio improvviso. / Ecco, il tuo grido appassionato / è per sempre nel mio cuore. Francesco! / Francesco. Francesco! Francesco. Francesco! / Rimanesti ferma sul selciato, vidi fanciullo / nel sangue e nel grido della Storia, / avvolgerti d'improvviso un'invisibile aureola. / L'avete uccisa! sussurrai. L'hanno uccisa! / In questo giorno in questo sole tra tanta luce».

Si evidenzia in questo modo la particolare struttura dei versi di Fiore, come ha acutamente osservato Liliana Cavani, e cioè il suo procedere per immagini, simili a blocchi narrativi, come il montaggio di certi film di memoria (basti pensare a Ingmar Bergman, per esempio, o al cinema del russo Andrej Tarkovskij) in cui l'immagine riveste un ruolo *princeps* nell'economia narrativa, come generatrice assoluta di senso.

Ma si evidenzia anche un altro tratto peculiare della *koinè* del poeta: la sensorialità, per mezzo della quale vista e udito sono sempre in primo piano, potenziati al massimo; "odo", "riodo", "ascolto", "vedo", "rivedo", "vedrò", "vidi": coniugati al passato, ma anche al futuro o al presente, sono i verbi più frequenti nella poesia di Fiore, tanto che nella lirica *I cedri del Libano*, che chiude *In purissimo azzurro*, il verbo "vedo" è reiterato per ben otto volte.

L'atto del guardare è in funzione della visionarietà del dettato poetico: uno sguardo imploso, lo sguardo di un testimone non riconciliato «nel sangue e nel grido della Storia», presente e vivo dentro i simulacri del proprio tempo; «la singola voce di un coro muto» la definisce con rara efficacia Liliana Cavani (*Annunciazione di Elio Fiore a Roma*, in "Belfagor", luglio 1986, p. 466). Una voce che dialoga incessantemente con i vivi e con i morti. Ed invero sono tanti i personaggi ospitati dalle liriche di *In purissimo azzurro*, innumerevoli le *dramatis personae* che abitano la sua poesia: Campana, Pasolini, Luzi, Bertolucci, Sibilla Aleramo; e poi il bambino Amedeo, gli abitanti del ghetto, i due "arcangeli" che riposano in Pescheria e «scaricano cassette di frutta ai Mercati Generali». E i poeti: Federico Garcia Lorca, Alexandros Panagulis, Pablo Neruda, Rafael Alberti, solo per citarne alcuni.

Sono tutti vivi e presenti «in ordine di apparizione», nella loro sostanza umana e intellettuale, nel serbatoio in primo luogo affettivo del poeta, ma anche nel sostrato linguistico, nella stratigrafia degli echi e dei rimandi, nella fitta pratica intertestuale che affastella titoli-epigrafi tratti dai versi di Saba, Hesse, Krasinski, O'Neill, senza dimenticare Leopardi da cui Fiore estrapola il bellissimo settenario posto come titolo dell'opera garzantiana (cfr. «...e su la mesta landa / in purissimo azzurro / veggo dall'alto fiammeggiar le stelle», *La Ginestra*, vv. 161-163).

E poi c'è la Bibbia, che costituisce nell'immaginario del poeta una miniera inesauribile di esempi e di ragioni, il testo che «dà l'*imprinting* poetico di Fiore: tutto quello che legge è per lui assimilabile soltanto se partecipe, sia pure in modo indiretto, del linguaggio ispirato dei salmi e dei profeti», spiega Alessandro Zaccuri nell'epistolario di Sbarbaro sopra citato.

Echi biblici sono evidentissimi, per esempio, nel poemetto apocalittico *Così parla l'eterno cuore questa notte*, tutti desunti dall'Antico Testamento, ma anche in *The Lord of Souls*, un canto rivolto al Signore delle anime, appellativo suggestivo con cui gli anglosassoni chiamano l'arcangelo Michele: «Tu verrai e libererai nella luce / queste finestre sbarrate di luce, / ed io, polvere, ritornerò nella luce. / Ti chiamerò: – Chi come Dio? // E mi farai vedere un fiume / delle mie canzoni perdute. / Ora, mi dirai, non devi temere più: / Israele è il tuo cuore, / tutte le creature sono risorte. / Aprono le braccia colme di luce».

Si precisa così, senza vera soluzione di continuità dalla prima raccolta dei *Dialoghi*, l'originale prassi linguistica del poeta, che è la contaminazione, «il suo essere pregna di vitalità, di masse grezze e incoerenti di sentimenti e ragioni, come se l'ideale di Fiore fosse quello – ed è di nuovo Baldo Meo che parla - di una poesia che rimanga disponibile ad essere *attraversata* da stili ed esperienze esistenziali». Le più svariate: dal gergo cinematografico a quello biblico apocalittico, dalle tematiche della guerra (quella di Spagna nelle cinque liriche a Rafael Alberti, la «strage biblica» di Beirut e i massacri di Sabra e Chatila, il Vietnam de *La madre* rievocato con i toni della ballata folk) al dispiegarsi anonimo, ma ugualmente partecipato, della vita, dei riti quotidiani della sua esistenza appartata e schiva, mescolando luci e paesaggi fino ad arrivare al *purissimo azzurro*, che è poi della poesia e della bellezza armonica dell'universo, a cui contrapporre la crudeltà di una Storia "orrenda", "infinita", "implacabile", "assurda", "filmata", "disumana".

Tutte le aggettivazioni che ad essa fanno capo sono di valenza irrimediabilmente negativa: la Storia (sempre con la maiuscola) è per Fiore un «turbine predisposto», favorito e reso possibile dagli uomini «smemorati / da una fretta senza eterno».

Azzurro *versus* Storia: qui si annida, e si rende possibile, la cifra altamente visionaria dei versi di Fiore, ciò che gli consente di vedere «Isaia marchiato nei lager», in virtù di quegli «attimi oracolari puri» (così li definisce Guido Ceronetti in *Elio Fiore, una voce visionaria esce dal Ghetto*, in "La Stampa", 22-3-1986) dei quali la sua poesia è disseminata e che gli rendono possibile l'incontro con i vivi e con i morti, sotto il segno di una fratellanza e di una ideale integrazione che ubbidiscono ambedue, tacitamente, alle leggi dei «cieli nascosti e visibili».

Dal secondo degli otto "movimenti" che compongono il poemetto *Come Dante, vivo, io ho attraversato l'inferno!* (titolo-epigrafe di un certo effetto desunto da Sigismondo Krasinski) estrapoliamo infatti questi versi: «Sabato: sono entrato / due o tre volte nel Tempio. / Non seguo i canti, / guardo i fanciulli attenti, / presso i rotoli d'argento, / i cieli nascosti e visibili. / Altri canti ascolto, / la Legge di creature / che si dirama, da sempre / offesa, per tutto il mondo. / Così, spesso incontro Isaia / marchiato nei lager, / così, spesso le fiabe di Anna / si tramutano in realtà».

Ciò sta a significare che non esiste una vera frattura fra "ieri" e "oggi", tra i campi di Auschwitz e quelli di Sabra e Chatila, tutto fluisce nel fiume della Storia e va verso la foce di un comune destino, profetizzato e già polvere: «Ecco, la fede e niente altro è la vita – ribadisce Fiore – il resto non conta, è Storia».

Leopardi
o riflessi di un'immagine antica

A ridosso della maggiore raccolta garzantiana, Fiore pubblica due *plaquettes* fuori commercio: *Maggio a Viboldone* (1985) e *Nell'ampio e nell'altezza* (1987), in cui riprende ed approfondisce il legame poetico (e profetico) con Giacomo Leopardi. La seconda *plaquette* in particolare, *Nell'ampio e nell'altezza*, vede la luce proprio a Recanati ed è la più leopardiana di Fiore, sebbene il titolo rimandi piuttosto al Padre Dante (cfr. *La Divina Commedia, Paradiso, Canto XXX*, vv. 118-120: «La vista mia nell'ampio e nell'altezza / non si smarriva, ma tutto prendeva / il quanto e il quale di quell'allegrezza»).

Si ripete anche qui la prassi dei titoli-epigrafi (da Ritsos, Wiesel, Bruck, ecc.) e i personaggi che popolano, in presenza e in assenza, la raccolta poetica sono Simone Weil, p. Jerzy Popieluszko, Anna Frank, e soprattutto Giacomo Leopardi: «persone, eventi, ore che nel discorso poetico rilucono come segnali, emblemi e tra loro intessono trame e svelano in prospettiva d'insieme corrispondenze segrete» (N. Paolini, *Nell'ampio e nell'altezza*, in "Oggi e Domani", n. 12, 1988). Sono gli emblemi e i lari domestici di un poeta «uscito dall'Eden per la dura esperienza del dolore», con la convinzione di dover testimoniare ciò che ha vissuto e capito, e ciò che ha ricevuto dai suoi non occasionali compagni di viaggio.

Così Elio Fiore si è fatto nunzio, messaggero della poesia in grado di coniugare – come pochi altri – finito e infinito, umano e divino; e della sua singolare qualità di "angelo", nel senso etimologico del termine, «debitamente provvisto di dolcezza e di terribilità», ha parlato espressamente Mario Luzi nell'introduzione già citata al volume garzantiano del 1986 *In purissimo azzurro*.

Anche Carlo Bo non ha mancato di sottolinearlo: «La sua poesia rientra nel registro della purezza e in quello della comunione. Chi lo conosce, molte volte ha l'impressione che nella sua aria trasognata, nei suoi movimenti e nelle sue parole ci sia un tipo d'ascolto che non appartiene soltanto alla cronaca dei nostri giorni, ma all'idea di libertà interiore», ha scritto il Maestro nella prefazione all'*Antologia poetica* di Fiore curata da Tallone nel 1999.

La produzione del poeta romano ha conservato nel corso degli anni che si sono succeduti una poetica fedeltà al dettato originale, sviluppando coerentemente temi e situazioni già presenti, o *in nuce*, fin dal principio.

Così le microedizioni dei *Notturni* (Scheiwiller, Milano, 1987) e degli *Improvvisi* (ivi, 1990) sono in qualche modo speculari fra loro, nella versificazione stringata e densa, ariosa e confidenziale, sapientemente interlocutoria. Semplice, forse, ma tutt'altro che semplicistica o ingenua.

Tredici brevi sequenze, le cui coordinate geografico-spirituali si collocano fra l'isola di Patmos e la cittadella di Assisi, a tratteggiare un itinerario dell'anima in cui prendono corpo, con sempre maggiore evidenza, l'attesa messianica e il primato della parola poetica, l'ossessione leopardiana che – scrive il prefatore Cesare Cavalleri - è pronta quasi a farsi "esicasmo" nel *Notturno n.6* riaffermando in questo modo la cifra visionaria e trascendente del poeta romano, perché Fiore, è ancora Cavalleri che parla, «non è mai poeta lirico, è carne e sangue di uomo vivo che dal flusso della storia risillaba l'eterno».

Negli *Improvvisi* i referenti geografici sono quattro, come i personaggi ai quali fanno capo: il castello di Brunnenburg ed Ezra Pound che a lungo vi soggiornò, Parigi e Simone Weil, Assisi e il miracolo dello Spirito Santo, e nuovamente Recanati immersa nella luce trionfante di Giacomo Leopardi.

«Mi sveglio all'alba: cantano / gli uccelli verso l'Infinito, / il borgo selvaggio è addormentato». Se uno leggesse questi versi ignorandone il vero autore potrebbe pensarli scaturiti dalla penna e dalla sensibilità poetica del grande Recanatese. Uguale geografia di luoghi e di sentimenti, uguale *koinè* fantastica ed emozionale. Ma chi li ha scritti non è l'indomito e disperato poeta marchigiano vissuto nei primi decenni dell'Ottocento, bensì un poeta venuto alla luce oltre un secolo dopo.

La poesia di Fiore è fitta di nomi, di voci, di presenze e rimandi segreti: una densa pratica intertestuale la sorregge e dà linfa – sempre nuova e sempre viva – al suo universo tematico in cui Leopardi campeggia in modo assoluto. Come poeta, come uomo, come sostanza visionaria e come fantasia del reale. Leggiamo: «Dei giovani cantano sulla piazzola / e battono le mani. È notte alta, / e tra le sudate carte, ripenso /alla mia vita, al tempo / in cui schivavo gli spassi e / con una lampada tascabile, / in cucina, nella mia casa / a via Casilina, leggevo i "Canti" / sublimi e disperati».

Come non ricordare quei «fanciulli gridando / su la piazzuola in frotta, / e qua e là saltando / fanno lieto romore» del *Sabato del villaggio* (vv. 24-27) ed il passero solitario che, per natura *schiva gli spassi* della gioventù e mira in disparte il mondo?

«Nel buio sillabo / *L'infinito* di Giacomo, / la mia preghiera continua. / Ai "sovrumani silenzi" / mi fermo, risillabo il principio / e tutto "mi fingo"...». Ecco allora che la grammatica leopardiana si fa *koinè* interiore e, come annota acutamente Cesare Cavalleri nella prefazione ai *Notturni* (Scheiwiller, 1987), diventa addirittura esicasmo.

«Ogni poeta vero, più che inventare, scopre», ha scritto Giorgio Caproni; e Fiore inventa, nel senso che ri-scopre, trova due volte, la presenza di Leopardi nel mondo, la sua voce – gemebonda, ma sublimemente viva – che ora riecheggia superbamente nei suoi versi: reminiscenze precise, volute quasi, di certo riconosciute e accettate nel tessuto linguistico, non già come calchi di liriche modulazioni, ma come intermittenze luminose che svelano echi di immagini, di suoni, sensazioni visive ed uditive, una geografia di luoghi (siepi, stelle, luna, mare, colli) che è anche una vera e propria mappa di moti del cuore.

«Seguendo la siepe sono arrivato sul Tabor, / con i piedi ben saldi sulla terra, / e mi sono seduto e il vento ancora stormiva / tra queste piante mentre passavano le macchine, / e i celesti confini scendevano dolci sul mare» (*Il Tabor e sullo schermo Mary*). E ancora: «Qui, le stelle scintillanti e vaghe / sono sempre fisse e oltre i poggi e le ville, / i cani abbaiano nelle valli» (*La formula dell'infinito*); «dalla Torre / scoccano le ore» scrive ne *Il fango del mondo*, che fa subito il paio con i versi leopardiani: «Viene il vento recando il suon dell'ora / dalla torre del borgo» (*Le Ricordanze*, vv. 50-51).

Ma non bisogna poi dimenticare il bellissimo settenario leopardiano «in purissimo azzurro» (*La Ginestra*, v. 162) che Fiore sceglie come titolo del suo secondo volume poetico, edito da Garzanti nel 1986. Leggiamo: «Questo tuo perduto e ritrovato canto, / tra queste carte, respira ancora, vive la ginestra / nel tuo respiro, poeta infido e scomunicato, / bollato dalla Biblioteca Apostolica Vaticana. La tua luce. / Quando m'apparve la tua luce, Giacomo, / - mare d'occhi ritrovati in Ungaretti – / era settembre presso la magnolia secolare, / e conoscevo con lacrime di sangue / già tutta la tua musica rivoluzionaria, / in un tempo oscuro, dove sola era sperduta, / la tua anima a dialogare con il creato».

Ben ha scritto Emerico Giachery nella prefazione alla *plaquette* leopardiana per eccellenza, *Nell'ampio e nell'altezza*, stampata a Recanati nel 1987: «In un'esperienza come quella di Fiore, la poesia ritorna sorella della profezia e ad essa si affianca nello scrutare e testimoniare e con sicura passione annunciare una modalità tutta particolare del vivere. Un vivere in cui tutto e segno, presagio, "figura", in cui i segni intrecciano un tessuto significante di arcani riscontri e coincidenze e richiami».

Nella lirica *In ordine di apparizione* il poeta confida: «Una notte, nell'inverno 1823, / dal Palazzo Mattei di Giove / Giacomo scese dalla sua soffitta, / per rimirare il segreto della fontana: / la fiamma nascosta della rosa pietrificata, / il mistero dei verdi efebi creato / dalle erranti Tartarughe, / l'armonia / dei Delfini, il canto dei suoi zampilli. / Contemplò la rosa e non scrisse nello Zibaldone / delle tenebre oltre il cancello del Ghetto».

Ma quello che Leopardi non scrisse lo racconta invece Elio Fiore, che assistette – bambino di otto anni – alla deportazione degli ebrei romani la mattina del 16 ottobre 1943 compiuta nel Ghetto dai nazisti. Di questa immane tragedia il poeta è stato, dapprima, involontario testimone oculare e, col tempo, «coi pugni chiusi e gli occhi aperti», un testimone spirituale al tempo stesso lucido e assorto, in possesso di una purezza ideale dai connotati assoluti, quando non imbarazzanti, per il grado di innocenza e il dolore umano di cui si è fatto carico, anno dopo anno, senza sterile voluttà di pianto.

«Con l'energia assorta di un apostolo masaccesco, Fiore instaura un'intensa osmosi tra vita e parola, tra quotidianità e poesia», annota ancora Emerico Giachery. «Eventi, luoghi, gesti, persone, oggetti appartenenti all'ambito più semplice e comune, denotati nel modo più piano, definiti nel modo più preciso e consueto, possono rivelare intimi lieviti e impreviste luminescenze. Sottratta a ogni rischio di banalità, l'esistenza quotidiana in certe occasioni del suo poetare la si direbbe sospesa a una stella: alla stella che dal "purissimo azzurro" di un firmamento non impassibile domina costante l'avventura umana e poetica di Fiore, e che potrebbe essere scelta come emblema araldico del suo universo.

Occorre non fermarsi ad apparenze di andature e cadenze dimesse, sliricate. Si comincia a camminare col passo prosastico, col respiro pacato del pedone, entro un ritmo (si direbbe) orizzontale, ed ecco, arriva un momento in cui ci si avvede di esser sollevati da terra. Di avere insensibilmente, morbidamente trasceso la legge di gravità, penetrando in una dimensione diversa. In una dimensione che non comporta, per Fiore, soluzione di continuità rispetto a quella quotidiana. Anzi, missione e messaggio di una vocazione come la sua è proprio far sentire, con candida schiettezza, la continuità fra il visibile e l'invisibile, il terreno e il celeste.

Più che l'*indignatio* profetica - senza dubbio necessaria e vitale al turbato testimone di tanti misfatti che inquinano la storia di un tempo non di rado apocalittico, ma meno specifica, e più reperibile anche in altri poeti - peculiare grazia e appunto questo dono di stupore e di levitazione, che sgorga dall'interno della vita d'ogni giorno e che è sempre autentico; mai lezioso, mai estetizzante. In esso, soprattutto, si manifesta il casto miracolo di una voce così singolare e riconoscibile nell'aggrovigliato concerto poetico del nostro tempo».

Ed è in questo modo, a nostro avviso, che Elio Fiore si è fatto nunzio, messaggero poetico in grado di coniugare, come forse nessun altro, finito e infinito, transeunte ed eterno. Un poeta appartato, per il quale la poesia si identifica con la vita, e l'esistenza stessa diventa sinonimo di fede, vivificata com'è da una fortissima tensione morale, l'imperativo etico di guardare, capire, raccontare: «Scende la sera e la piazzuola / del Sabato del Villaggio è deserta. / Mi domando: perché sono qui? / A cosa tende questo mio tempo solitario? / Ascolto, ogni quarto d'ora, / le campane di Santa Maria / e studio e rileggo i Canti, / prego prima di addormentarmi. / Giacomo mi guida...».

La poesia allora è un progetto salvifico che sfida il tempo nella dizione perpetua della memoria e getta un ponte verso l'infinito: in questo modo soltanto può avere la meglio sull'orrore di una Storia che travolge ogni cosa nella sua corsa cieca e violenta.

Là dove la visione di Fiore e quella di Leopardi si respingono – per l'uno la storia è sempre storia della Salvezza, ordita misericordiosamente da Dio, mentre per l'altro è un'esistenza in balia continua del nulla eterno («non c'è altro vero che il nulla», scrive Leopardi a Giordani nel marzo 1820) - trovano anch'esse alla fine un punto di incontro e un terreno di ideale raccordo: il poeta romano che dal Ghetto leva la sua voce indignata, dolente, vibrante d'amore e di cristiana *pietas* verso il «turbine degli orrori mondiali» di cui è macchiata la Storia, non è poi così lontano da quello che due secoli prima compose l'acre dettato civile della *Ginestra*, esortando gli uomini alla «social catena» che – unica - può contrastare le forze cieche di una natura matrigna al tempo delle «magnifiche sorti e progressive».

Cattolico deluso, disgustato dalla vuota pompa dei cerimoniali ecclesiastici, Leopardi incontra Fiore sul terreno della resistenza e del virile superamento della Storia, nonché di un profondo e sincerissimo anelito a una religiosità primigenia, incorrotta, di tipo evangelico.

Ma se il Recanatese prorompe con l'amarissima constatazione: «Fango è il mondo.../ Al gener nostro il fato / non donò che il morire» (*A se stesso*, vv.10-13), il poeta romano è d'altro avviso e scrive nel *Notturno n. 7*: «Il fango del mondo / non ti può più toccare. / La tua poesia è la vita, / scava parole vive. / Ascolta, vincerai la morte».

La teologia negativa che informa il disperato dettato poetico della *Ginestra* – un nichilismo storico distruttore di ogni credo che affonda le proprie radici nello «stato violento» imposto dalla crudele natura sull'uomo per precludergli ogni speranza di felicità, rafforzato da una morale cattolica "distorta" e repressiva di ogni terreno piacere – si rovescia in positività feconda quando la volontà di negare strenuamente non fa altro che riaffermare, invece, il valore intrinseco dell'esistenza e il senso più profondo di una "resistenza" che trasforma la *speme* in lacrime e sangue al contatto col vero della Storia «viva e implacabile» di Fiore.

Ecco allora il sensibilissimo scarto, appena percettibile ma reale e anche ineludibile: «e su la mesta landa, / in purissimo azzurro / veggo dall'alto fiammeggiar le stelle / cui da lontan fa specchio / il mare», sono i versi 161-165 de *La Ginestra* leopardiana da cui Fiore estrapola il settenario posto a titolo della raccolta garzantiana del 1986. Ma, osserva finemente Cesare Cavalleri, «quella di Leopardi non è serena contemplazione del firmamento, bensì occasione di invettiva contro l'infelice sorte dell'uomo, nel considerare l'insignificanza del quale "non so se il riso o la pietà prevale".

Ben diversa è la contemplazione di Elio Fiore: "Oltre la finestra a croce, / in purissimo azzurro, / oltre un fantastico candido lenzuolo, teso / ai fili eterni della Storia implacabile, / scorgo, ed è silenzio, ferma la stella / e le mura incrollabili di Gerusalemme d'oro". Al di là del dolore della Storia, al di là del suo stesso (del nostro) dolore, Fiore sempre trova un fermo ancoraggio nel trascendente, secondo una religiosità giudeo-cristiana sempre generosa, anche quando di sospetta ortodossia».

Ma c'è anche da aggiungere che Elio Fiore non è un contemporaneo di Giacomo Leopardi, non ha vissuto il suo tempo storico né le medesime esperienze esistenziali, e ha inoltre bruciato le scorie del suo disperato e irriducibile pessimismo alla luce della profezia e di una solare visione di salvezza.

Ecco allora la funzione di "nunzio" che il poeta accetta di rivestire: «questa tua luce reale / che mi hai trasmesso, Giacomo, vorrei / donarla, nel tempo, a tutti gli uomini» (*Io non ti veggo più*). Ecco, perfettamente spiegati, nonché coerenti con la sua missione di luce-guida, i molti pellegrinaggi a Recanati, cuore pulsante della voce leopardiana, e nei luoghi deputati alla poesia: il senso, cioè, di una "rimembranza" che si fa vita, carne e lacrime nel cuore della Storia, e che si rinnova ogni giorno, diventa ripetizione, o – per dirla con Leopardi – «una ripercussione o riflesso dell'immagine antica» (*Zibaldone*, 515).

«La poesia – scrive Gianfranco Contini in *Esercizi di lettura* – non tollera ipotesi, ma solo l'evidenza dei miracoli». E, pertanto, non consente nessuna discesa sul piano inclinato della superficialità di giudizio o della curiosità fuorviante.

Non quindi sul terreno di una probabile imitazione o dell'influenza generica, non sul piano della somiglianza o della discrepanza (palese o latente) va dunque cercata l'identità fra Leopardi – poeta del primo Ottocento – con Elio Fiore, poeta e uomo del ventesimo secolo, ma su quello, assai più magmatico e fermentante, di una epifania che si tramuta miracolosamente in itinerario dell'anima, nella cifra visionaria di un canto che schiude un desiderio bruciante di Assoluto; solarità e cupezza di un dettato profetico che costeggia la perennità della Storia con la folle saggezza di un cuore che si affida totalmente, con fiducia aurorale, ai piani infiniti di Colui che è da sempre: «Gli uomini / si aprono al dialogo e a poco a poco / le barriere crollano. La speranza / di un mondo veramente cristiano / mi accompagna. Poco fa, / passeggiavo sul Tabor, contemplavo / le stelle dell'Orsa, respiravo / mirando i celesti confini, /il mistero dell'Universo. / Un usignolo ancora cantava. / Giacomo, il mio canto / vincerà nel tempo?».

Un canto all'invisibile

Allo stesso modo, come già i *Notturni* e gli *Improvvisi*, ma con diversa intenzione, si fronteggiano specularmente le diciotto composizioni di Natale contenute in *All'accendersi della prima stella* (Scheiwiller, Milano, 1988) con le ventitré sequenze del poemetto *Miryam di Nazareth* (Ares, Milano, 1992) completando un preciso percorso euristico, quello «stare religiosamente dentro la storia» già indicato da Baldo Meo al tempo dei *Dialoghi*.

Elio Fiore è da sempre innamorato di Maria (o Miryam di Nazareth), e non lo nasconde, al punto da riconoscerne i tratti moderni, attualissimi, nel volto di una *homeless* con figlio al seguito, su una strada addobbata per le feste natalizie, tra gente frettolosa e distratta, di una qualunque città dell'opulento mondo occidentale.

Una sorta di Natività mendicante, che ben poco ha da spartire con l'immagine, oleografica e un po' dolciastra, di tanta poesia devozionale mariana: «Maria era tutta vestita di nero, /stava per terra, ferma, composta, / tra le braccia stringeva Gesù. // Sull'affollato corso i passanti / andavano distratti, senza guardare, / senza dare una lira di elemosina. //Maria aveva gli occhi chiusi, / ma due lacrime scendevano / dal viso. Gesù mi sorrideva, //

mentre s'accendevano le luci / sul mercato di lusso, sfavillante / di regali, di stelle e di angeli. // Gesù mi stringeva forte la mano / e in quel sorriso innocente, / sentivo tutto il dolore del mondo».

Fiore, annota nella prefazione della prima di queste due raccolte Alessandro Zaccuri, «smantella le abitudini e ci sorprende con una poesia mariana niente affatto devozionale, che viene anzi a confermare la profondità di una compromissione totale con i fatti della Storia, intesa come rilettura incessante e mai edulcorata dell'evento dell'Incarnazione. In questo modo Cristo, la "prima stella" messianica attesa dall'ebreo Debenedetti, diviene la "stella sepolta nella polvere" di un'altra figlia di Israele, la tedesca Nelly Sachs, che suggerisce il titolo-epigrafe all'ultima delle "poesie di Natale", una natività mendicante che riassume tutta la fatale sincerità di una poesia fattasi elogio della vita, "nella rosa nella spina", come ammonisce lo struggente *Cantico della ninna nanna a Maria*, un testo che costituisce, se non il vertice, certo un punto fermo nella complessa e lineare vicenda poetica di Elio Fiore».

E che si salda, a nostro avviso, all'altro *itinerarium ad Mariam*, in cui l'anima ebraica e quella cristiana si uniscono per dar luogo a un evangelio poetico limpidamente scandito attraverso la vita e le opere della madre di Cristo, «poetessa che spinge il suo sguardo / nei secoli dove la chiameranno beata».

Elio Fiore rilegge i giorni terreni di Maria, o Miryam (nella sua antica accezione ebraica), il mistero e l'ineffabile fascino della Madre di Dio. Il poeta s'interroga: «È morta? Perché oso parlarne? / Non sono un teologo, non sono / un poeta laureato, ma al Biblico / ho capito, guardando le tre Croci / dei Santi XII Apostoli, che non può / morire la Madre di Dio».

In una lirica, dal titolo *Assunzione di Miryam in Cielo*, che è fra le più belle contenute nel poemetto *Miryam di Nazareth*, Elio Fiore scrive: «Vergine Madre, io non ti chiedo nulla, / Ma dal Cielo, ti prego, assicura / Mio padre e mia madre che sono attento / Alla legge di tuo Figlio / Al suo amore che mi chiede di perdonare / A chi mi ha fatto del male. / Miryam, in questo antico Ghetto, / Eternamente lordo del sangue di David / Mi preparo con il rosario / Di Lucia dos Santos / Alla tua chiamata improvvisa».

Alla fine del poemetto *Miryam di Nazareth* appone una nota: «Nella Bibliotheca Domus dei Padri Gesuiti del Pontificio Istituto Biblico, dove lavoro come bibliotecario da quasi vent'anni, ho scoperto nella sezione della Letteratura tedesca un poemetto di Rainer Maria Rilke dedicato alla *Vita di Maria* con testo a fronte in inglese e tedesco. La lettura mi ha affascinato e ho voluto leggere il poemetto anche nella edizione della Locusta con prefazione di David Maria Turoldo. Così, lentamente è nata l'idea di emulare il grande e insuperabile Rilke, e mi sono accinto a rileggere i Vangeli, soprattutto Luca, e inoltre ho letto la voce "Maria" della Biblioteca Sanctorum».

Elio Fiore ci fornisce in questa succinta e densa nota posta alla fine del volumetto le coordinate per così dire culturali da cui *Miryam di Nazareth* ha preso corpo nella sua mente, prima, e poi nei suoi versi: suggestioni che hanno i nomi di Rilke, padre Turoldo, i Vangeli. Ma le ragioni - per così dire - del cuore?

Esse sono tutte nel *mythos*, ossia nel racconto, limpidamente scandito dai versi che costeggiano, con parole semplici e vere, l'itinerario salvifico di Miryam, Madre di Dio e Rosa del Creato: la sua nascita, la presentazione al Tempio, l'Annunciazione, il dubbio di Josef, suo sposo, la nascita divina di Iehoshua (i nomi della nostra tradizione cristiana sono stati tutti suggestivamente traslitterati dall'ebraico antico), la fuga in Egitto, la Resurrezione di Cristo, la discesa dello Spirito Santo.

Un evangelio poetico modulato sui ritmi melodiosi dei salmi, tradotto in una lingua colloquiale, piana, ma che sa accendersi qua e là di ariose vibrazioni interiori, felicemente soffuse di grazia e percorse da un fremito di Assoluto che nella visione escatologica di Elio Fiore si rinnova ogni giorno alla luce della Profezia rivelata col suo «mistero colmo di musica» fino alla fine dei secoli: «Ecco, Miryam la perla del Creato / dunque non è morta, ci guida, / mi guida e quando aprirò per sempre / gli occhi, il Signore mi avrà perdonato».

Le cose del cielo e quelle della terra si confondono e si inscrivono tutte *sub specie aeternitatis*: in questo modo la Madre di Dio può fare il paio con l'addolorata madre di Bagdad che piange i suoi figli perduti in una guerra inutile («Madre di Dio, ti ho vista oltre / Una rete, a

Bagdad, con altre madri / Urlavi il tuo dolore per i corpi / Straziati e crocefissi per sempre / ... Ti ho vista sul video, / Ancora una volta morire per tutti»).

Miryam di Nazareth è allora anche la madre desolata del Vietnam (*In purissimo azzurro*, p. 37), e la madre straziata del poeta sotto le macerie di San Lorenzo al Verano bombardata nel '43 (v. il poemetto *Madre, oggi ricorre una memoria dura*, in *Dialoghi per non morire*, pp. 11-13).

E verso la fine del poemetto successivo, dedicato a Montale, Fiore chiuderà idealmente il cerchio scrivendo: «Lasciami camminare / Madre di Dio nel tuo rosario finale, /arco che squaderna luce e tenebre. / C'è tanto buio ancora, figlia di Sion, / ma voglio, nella salita aspra, superare / ogni prova, per ritrovare mia madre, /la Rosa che s'ingioia nel tuo Segreto:/ l'Amore incarnato dell'Unigenito Figlio».

«Fiore è un mistico – ha scritto Valerio Volpini – perché rifrange nell'amore rivelato attraverso la croce ogni ragione e momento del suo essere ed anche del suo essere immerso nel tempo con le atrocità e gli orrori, con ogni emblema di morte e con ogni metafora del male» (*Poeta al Portico d'Ottavia*, in "Famiglia Cristiana", 27 maggio 1987).

Non c'è mai soluzione di continuità, dunque, fra divino e umano, finito e infinito, presente e passato, ma «un mistero colmo di musica» tracciato *ab aeterno* che si epifanizza ogni giorno attraverso i trionfi, le cadute e le ascese della Chiesa di Cristo.

Tutto, perciò, è miracolo, tutto è lampeggiante teofania, percezione di qualcosa che oscuramente supera la Storia per costeggiare le sponde dell'utopia: «che nel volto dell'altro si attui una teofania – ha scritto Luca Orsenigo - , che in un incontro e dunque nel cammino della storia, si veda nuovamente (ancora il simbolo come unità di passato e futuro nel presente) quel Dio che sulla strada deserta, unico, sembra condividere il nostro destino; tutto questo è appunto, nel solco della concezione epifanica della storia, il senso della poesia di Fiore: l'ingenuità mitica di un profeta che crede nella sopravvivenza dei versi oltre il mare dell'indifferenziato, dell'omologazione tecnica» (cfr. L. Orsenigo, *La poesia di Elio Fiore tra profezia e storia*, in "Campi Immaginabili", n. 2-3/1992).

Tutto nasce e si realizza in «una sorta di colloquio universale, di salvifico rispondersi degli uomini e delle cose, di rigenerante composizione dei contrasti in quella mistica armonia che è la più profonda ambizione del canto di Fiore e ne costituisce il nucleo d'ispirazione essenziale», come nota Tommaso Debenedetti (*Fiore, una poesia per non morire*, in "Gazzetta di Parma", 24 luglio 1994). Necessità del poeta, ma innanzitutto dell'uomo Fiore: "dialogo", così come "unità" e "fratellanza", rappresentano insieme i *leitmotiv* della sua vita-scrittura.

Così nella raccolta approntata in occasione del centenario della nascita di Eugenio Montale, astro fra i più fulgidi nel firmamento poetico di Elio Fiore, possiamo leggere: «Scendo le scale / e le foglie dei platani sigillano / questa mia eterna fede, / questa pura luce, questo fulgore / della parola che mi guida e mi strazia. / La tua parola alta, Sibilla, / mi accompagna, mentre vedo / sull'isola il fantasma giallo fiorito / di Ungaretti. / È nell'acqua fatale / che vedo scorrere la giustizia divina, / compiersi nell'incessante miracolo la mia legge».

La raccolta poetica *Il cappotto di Montale*, edito da Scheiwiller nella bella collanina All'insegna del Pesce d'Oro, è un poemetto nato dalla rilettura dell'*opera omnia* del grande *Eusebio* nel centenario della sua nascita, e prende il titolo da un particolare un po' curioso, da una strana eppure preziosa eredità: un cappotto. Un cappotto vero, e anche di buona foggia («il cappotto è un Aquascutum di Londra, /con fodera scozzese e mi sta a pennello»), che è l'unica cosa avuta in ricordo di una ultraventennale amicizia fatta di incontri, di passeggiate e di chiacchiere in giro per Milano, nella casa di via Bigli, alla presenza della *Mosca*, o della fedele governante Gina Tiossi, di tante lettere e telefonate.

Che cosa resta di Montale, nume tutelare di tutto il nostro Novecento? Ad altri ben più cospicue eredità, punteggiate di veleni e di assai poco edificanti battaglie a colpi di carta bollata; all'umile, fedele poeta romano appena un cappotto, usato per giunta, ma sufficiente a farlo inorgoglire perché gli sta veramente a pennello e può fargli dire, con un po' di civetteria e senza tema di essere smentito, di avere anche lui "la stoffa" del Montale.

Diviso in due tempi, rispettivamente di 30 e 23 composizioni, il poemetto è pensato come una sorta di lettera a un giovane poeta che nel Tremila magari s'imbatterà nei suoi versi, una specie di "breviario" poetico incentrato sulla figura luminosa di *Eusebio* e sul valore imperituro della poesia, "fuoco divino" a cui si deve corrispondere nonostante tutto. Poesia come preghiera, come atto di fede, come ascesi e testimonianza. Poesia come esercizio di carità e come unico e necessario tributo all'invisibile.

È questo il compito del poeta, dice Fiore: «seppiare nell'anima», come faceva del resto *Eusebio*, allo scopo di resistere al mondo, al tempo ostile in cui vive, restando «fedele alla musica segreta», perché «alla fine, il male non prevarrà». A qualche bivio, su una strada che si credeva deserta, ci sarà Dio ad aspettarci, nel segno della Bellezza e dell'Amore, per battezzarci il labbro.

A chi gli domandava se c'era un senso nella sua poesia, un messaggio, Fiore era solito rispondere con grande semplicità: «Il messaggio che voglio trasmettere ai miei fratelli uomini è di attestare Dio, la meraviglia della vita, del creato e di avere fede, nonostante tutto, nei valori alti della vita».

Tutto in Fiore allora è teofania, tutto è lotta incessante perché il bene prevalga, e con il bene la Bellezza che imperitura governa il mondo. Tutto è segno di qualcosa che nasce dalla Storia e che poi la trascende, la supera nell'avverarsi della profezia, e di cui la poesia si fa, necessariamente, strumento. Non gioco di rime, quindi, non narcisistico riflesso di specchi da lasciare semmai alle "volpi" e ai "filippini" di cui il nostro tempo è invaso, «mediocri traduttori di altri versi», che hanno svilito la scena culturale: al suo ipotetico aspirante poeta dell'anno Tremila dice di guardarsi bene da codesta genia di «letterati infidi», molto abili a pubblicare e a salire in cattedra, in questa triste fiera della vanità che è ormai diventato il mondo letterario dei nostri tempi.

«Mentre scendevo le scale / corrose dalla Storia, in me sentivo / che la vittoria era certa. L'infinito / svelato si sarebbe nella poesia eterna», aveva già affermato con convinzione negli *Improvvisi*.

E nella raccolta *Gli occhi dell'Universo* (Clean, 1995) Fiore ribadisce il senso di questa sua, forse folle, ma irrinunciabile speranza: «Io non so come, / la notte è lunga / e il tempo è un mostro, / ma so che verrà l'alba...».

Lui che è vissuto per quasi trent'anni, da 'cattolico apostolico romano', nel cuore della Roma israelita, al Portico d'Ottavia, guardando dal suo ballatoio i tre cortili del ghetto, soprannominati come le cantiche dantesche «Inferno, Purgatorio e Paradiso», preparandosi ogni giorno alla «chiamata divina» con in mano il rosario di Lucia dos Santos, è convinto in modo assoluto che il male alla fine non vincerà, perché «perdonare è il succo della vita», e la speranza, come scrive alla fine lui, «ha sempre il fior del verde».

Scrivi all'Autrice

Cara lettrice, caro lettore,

spero che questo saggio letterario ti abbia condotto in un viaggio affascinante attraverso le sfumature e le profondità della scrittura di Elio Fiore.

La tua dedizione all'arte della letteratura è una fonte di ispirazione per me come autrice di questo saggio, e sono ansiosa di ascoltare la tua voce!

Le tue analisi e le tue riflessioni sono come un faro nel vasto oceano della conoscenza letteraria, e sarei onorata di sapere le tue impressioni su questo libro.

Non esitare a condividere i tuoi pensieri inviandomi un messaggio personale all'indirizzo email *madilorenzo@yahoo.it*.

Sarà un piacere per me immergermi nella discussione letteraria con te, leggere le tue interpretazioni, rispondere alle tue domande o semplicemente condividere una conversazione culturale tra di noi.

Grazie di cuore per il tuo sostegno e la tua passione per la letteratura. Senza di te, queste pagine non avrebbero lo stesso significato.

Con affetto,
Maria Amata Di Lorenzo
L'autrice di "La luce e il grido – Introduzione alla poesia di Elio Fiore"

Altri Libri
di Maria Amata Di Lorenzo

Grazie per il tempo che avete dedicato a leggere il saggio letterario "La luce e il grido. Introduzione alla poesia di Elio Fiore". Se desiderate continuare il vostro viaggio di conoscenza interiore o scoprire altre opere dell'autrice, ecco una selezione di tutti i suoi libri:

Narrativa:

- *La sera si fa sera*
- *Venite, vi porto di là. Sette racconti per anime sensibili*
- *Arcobaleni in una tazza di tè*

Poesie:

- *Il tempo che oggi ti dorme nel cuore*
- *Scrivo le mie lettere al lupo*

Saggistica Letteraria:

- *La luce e il grido. Introduzione alla poesia di Elio Fiore*

Taccuino Creativo:

- *Diario con gli Angeli*

Biografie Spirituali:

- *Teresa di Calcutta. Il romanzo di un'anima*
- *Rosario Livatino. La giustizia esige l'amore*
- *Il cielo in una strada. Madeleine Delbrêl*
- *Nome in codice Teresina. Il romanzo di Teresa di Lisieux*
- *Mistici e santi e intrepidi cercatori di Dio*
- *Il ragazzo con le stelle negli occhi. Vita e pensieri di Pier Giorgio Frassati*
- *Dall'eternità il suo amore per me. Vita mistica di santa Faustina Kowalska*
- *La strada di Jorge*
- *Mistiche e sante e libere donne di Dio*
- *Il canto segreto di Edith*

I libri di Maria Amata Di Lorenzo offrono una varietà di esperienze e riflessioni sulla spiritualità, la letteratura e la vita. Se uno di questi titoli cattura la vostra attenzione, vi invitiamo a esplorarlo ulteriormente e a condividere il vostro viaggio con l'autrice.

Tutti i libri sono disponibili su Amazon in formato ebook e come libri di carta.

Grazie ancora per la vostra lettura e la vostra fiducia. Che possiate trovare ispirazione e crescita spirituale in ogni pagina che leggete, ascoltando il vostro cuore.

L'Autrice

Scrittrice, drammaturga e autrice cinematografica, Maria Amata Di Lorenzo ha una lunga esperienza nel campo della scrittura e della creatività. Ha lavorato per più di vent'anni come giornalista e come autrice e consulente editoriale, e ha diretto corsi di scrittura creativa. Ha scritto libri di narrativa, poesia e saggistica che sono pubblicati fino ad oggi in dieci lingue e sono diffusi in quindici Paesi nel mondo.

Le sue passioni fin da bambina sono state la psicologia e le stelle e i misteri racchiusi nell'aldilà, perché ha avvertito molto precocemente dentro di sé il desiderio profondo di andare oltre il velo superficiale delle cose e di comprendere in tutta la sua misteriosa complessità la vita.

Laureata in Lettere Moderne, dopo aver studiato presso la Scuola di Giornalismo di Urbino, si è specializzata in Marketing e Comunicazione e successivamente ha approfondito il campo della cosiddetta "relazione d'aiuto", studiando psicologia, coaching e counseling, medicina naturale, psicobiologia e psicosomatica. Ha studiato anche arteterapia e scrittura espressiva, con un'attenzione particolare allo studio e all'applicazione del potere trasformativo e terapeutico della creatività, per uno sviluppo integrale della persona in cui corpo, mente e spirito sono in completa armonia.

Insegna alle persone a scoprire e a mettere in pratica il loro potenziale creativo e la saggezza del cuore, per la loro crescita spirituale e il benessere, la guarigione e l'autorealizzazione.

Il blog di Maria Amata Di Lorenzo è *Il Posto delle Anime Sensibili*: www.mariaamata.it

Premio Letterario

Il saggio letterario "La luce e il grido" si è aggiudicato il Premio Letterario Internazionale Arché Anguillara Sabazia 2012 per la saggistica edita - riservato ai giornalisti.

Con la seguente motivazione:

"Maria Amata Di Lorenzo intende dare del poeta Elio Fiore un'immagine reale, in un testo rivelatore, forte, coinvolgente, essenziale.

La potenza della parola poetica è come un gomitolo di sentimenti che si snodano lungo i frammenti incandescenti disvelandone la sua più segreta essenza, i significati più nascosti dell'anima per risalire dall'abisso alla luce.

Un profondo sentimento religioso alimenta ed illumina interiormente il suo dolore. La parola come arma della testimonianza, strumento del comunicare, del resistere, segnato dalla visione straziante della persecuzione ebraica del ghetto di Roma, per non dimenticare la memoria, nell'impegno di permettere a ogni ebreo di essere sempre un uomo libero".

Parole che nutrono l'anima

Maria Amata Di Lorenzo ha una newsletter, "Parole che nutrono l'anima". Essa però è molto più di una newsletter: è uno spazio gentile e protetto, dove non si ha paura di essere se stessi, di mostrare la propria vulnerabilità e rivendicare quel lato sensibile che altrove è considerato pericoloso mostrare.

"Parole che nutrono l'anima" è l'appuntamento riservato alle persone altamente sensibili e creative che concepiscono il web come uno spazio gentile in cui ascoltare ed esprimersi.

Periodicamente gli iscritti ricevono messaggi che custodiscono piccoli semi di felicità. Sono consigli, novità, e riflessioni sempre scritte in punta di penna, esplorando insieme temi che sfiorano la crescita personale e spirituale, lo sviluppo della creatività, la poesia, i libri, l'arte e la cura della salute fisica ed emotiva.

Se desiderate ricevere queste preziose parole direttamente nella vostra casella di posta elettronica, iscrivetevi qui:

www.mariaamata.it/entra

Bibliografia

Scritti editi su Elio Fiore:

C. Cavalleri, *Fiore e i versi "tuttecose"*, in "Avvenire", 26 maggio 1999.

- , *Addio a Fiore, il poeta col cappotto di Montale*, in "Avvenire", 23 agosto 2002.

L. Cavani, *Annunciazione di Elio Fiore a Roma*, in "Belfagor", luglio 1986.

O. Cecchi, *Elio Fiore, il leopardiano*, in "L'Unità", 4 aprile 1986.

G. Ceronetti, *Elio Fiore, una voce visionaria esce dal Ghetto*, in "La Stampa", 22-3-1986.

- , *Atto d'amore per la Magnani*, in "La Stampa", 10 giugno 1999.

- , *Elio Fiore ispirato dal cappotto di Montale*, in "La Stampa", 6 febbraio 1997.

J. Ciechanovicz, *Poeta dialogu i braterstwa*, in "Zycie Warszawi", 14-15 dicembre 1991.

P. Civitareale, *In purissimo azzurro*, in "Oggi e Domani", n. 6-7/1987.

M. Dalla Torre, *Giuseppe Ungaretti, umanità e poesia di un maestro. Dialogo con l'amico poeta Elio Fiore*, in "Prima Pagina", 9 luglio 1994.

A. Debenedetti, *In ordine di apparizione*, in "Corriere della Sera", 9 febbraio 1987.

T. Debenedetti, *Fiore, una poesia per non morire*, in "Gazzetta di Parma", 24 luglio 1994.

N. De Giovanni, *Maria nella letteratura d'Italia*, Libreria Editrice Vaticana, 2009 [voce: Elio Fiore, pp.313-315].

M. A. Di Lorenzo, *Miryam di Nazareth*, in "Giornale di Poesia Siciliana", Anno VI- N. 7, Luglio 1993.

- , *Nella poesia soffia la Voce*, in "L'Eco di Bergamo", 25 agosto 1993.

- , *Intervista a Elio Fiore*, in "Spiritualità & Letteratura", n. 22, Maggio-Ottobre 1993.

- , *Miryam di Nazareth*, in "Portofranco", Luglio-Settembre 1993.

- , *Ma la poesia salverà il mondo?*, in "Prospettiva Persona", n. 8, Aprile-Giugno 1994.

- , *Profilo poetico di Elio Fiore*, in "Prospettiva Persona", nn. 21-22, 1997.

- , *Elio Fiore: il cappotto che Montale gli diede*, in "Il nostro tempo", 2 novembre 1997.

- , *Filo diretto con il poeta Elio Fiore*, in "Madre di Dio", n. 4, Aprile 1998.

- , *Sui passi di Maria. Figure carismatiche della storia cristiana*, Città Nuova, Roma, 2002 [voce: Elio Fiore, pp. 78-83].

- , *Un poeta immerso nel mistero di Maria*, in "Madre di Dio", n. 12, dicembre 2002.

- , *Una scorciatoia per il cielo. Diciassette percorsi di vita e di fede con Maria di Nazareth*, Gribaudi, Milano, 2004 [voce: Elio Fiore, pp. 110-116].

- , *La chiamata improvvisa di Miryam*, in "Madre di Dio", n. 5, maggio 2008.

G.B. Gandolfo-L.Vassallo (a cura di), *Icona dell'invisibile. La ricerca di Cristo nella poesia italiana del Novecento,* Ancora Editrice, 2005[voce: Elio Fiore, pp. 55-57].

M. Luzi, *Elio Fiore, i versi delle emozioni*, in "Corriere della Sera", 21 ottobre 1999.

- , *Antologia poetica di Elio Fiore*, in "Poesia", febbraio 2000.

P. Maffeo, *Poeti cristiani del Novecento,* Edizioni Ares, Milano, 2006 [voce: Elio Fiore, pp. 195-198; 358-359; 432].

B. Meo, *Dialoghi per non morire*, in "Hortus", n. 9, Gennaio-Giugno 1991.

M. Milesi, *Elio Fiore e i suoi rapporti con i grandi poeti del Novecento*, in "Giornale di Ostia", 2 febbraio 2001.

G. Oldani, *Fiore, il sostegno di una voce alle parole*, in "Avvenire", 10 maggio 1998.

L. Orsenigo, *La poesia di Elio Fiore tra profezia e storia*, in "Campi Immaginabili", n. 2-3/1992.

M. S. Palieri, *Elio Fiore, con Lui la Violenza diventò poesia*, in L'Unità", 24 agosto 2002.

N. Paolini, *Nell'ampio e nell'altezza*, in "Oggi e Domani", n. 12 /1988.

P. Perilli, *Il cappotto di Montale*, in "Poesia", febbraio 1998.

C. Sbarbaro, *Il paradiso dei licheni. Lettere a Elio Fiore (1960-1962),* a cura di Alessandro Zaccuri, Scheiwiller, Milano, 1991.

C. Sorgi, *Miryam di Nazareth*, in "Santa Gemma e il suo Santuario", settembre 1992.

V. Volpini, *Poeta al Portico d'Ottavia*, in "Famiglia Cristiana", 27 maggio 1987.

A. Zaccuri, *Il canto di ogni nascita nei versi di Fiore*, in "Avvenire", 5 gennaio 2000.

- , *Elio Fiore: il poeta, l'amico*, in "Studi Cattolici", ottobre 2002.

***

Scritti editi di Elio Fiore:

- *Dialoghi per non morire*, Edizioni Apollinaire di Guido Le Noci, Milano, 1964. Nuova edizione con una testimonianza di Giuseppe Ungaretti e una postilla di Paolo Lagazzi, Scheiwiller, Milano, 1989.

- *Lettere a Elio,* carteggio con Sibilla Aleramo, a cura di Elio Fiore, prefazione di Mario Luzi, Editori Riuniti, Roma, 1989.

- *Maggio a Viboldone* , Abbazia di Viboldone ,1985.

- *In purissimo azzurro*, prefazione di Mario Luzi, Garzanti, Milano, 1986.

- *Notturni*, prefazione di Cesare Cavalleri, Scheiwiller, Milano, 1987.

- *Nell'ampio e nell'altezza*, introduzione di Emerico Giachery, Tipografia Simboli, Recanati, 1987.

- *All'accendersi della prima stella*, prefazione di Alessandro Zaccuri, Scheiwiller, Milano, 1988.

- *Improvvisi*, prefazione di Mary de Rachewiltz, con una lettera di Rafael Alberti, Scheiwiller, Milano, 1990.

- *Il paradiso dei licheni*, carteggio con Camillo Sbarbaro, a cura di Alessandro Zaccuri, Scheiwiller, Milano, 1991.

- *Prologo di Natale* di Ezra Pound, traduzione di Elio Fiore, prefazione di Massimo Bacigalupo, Scheiwiller, Milano, 1992.

- *Miryam di Nazareth*, prefazione di Carlo Maria Martini, Ares, Milano, 1992.

- *Gli occhi dell'universo*, prefazione di Valerio Volpini, Clean, Napoli, 1995.

- *Poesie per Maria,* Scheiwiller, Milano, 1995.

- *Il cappotto di Montale*, Scheiwiller, Milano, 1996.

- *Antologia poetica,* prefazione di Carlo Bo, Tallone editore, Alpignano, 1999.

- *I bambini hanno bisogno*, con una testimonianza di Rafael Alberti, e con tavole di Giosetta Fioroni, Interlinea, Novara, 1999.

***

Le Edizioni Ares hanno approntato un volume con l'*opera omnia* di Elio Fiore, contenente editi e inediti, a cura di Silvia Cavalli, e con prefazione di

Alessandro Zaccuri a cui rimandiamo per una conoscenza completa della sua produzione poetica.

Made in the USA
Thornton, CO
11/30/23 23:10:50